AF582289

RAPPORT

SUR

L'ÉGYPTE ET LA TURQUIE

ADRESSÉ PAR

M. BÉRARD

Député du Rhône

A M. LE MINISTRE DES AFFAIRES ÉTRANGÈRES

LYON

IMPRIMERIE ALEXANDRE REY

4, RUE GENTIL, 4

1892

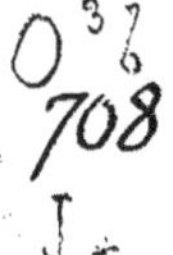

RAPPORT

SUR

L'ÉGYPTE ET LA TURQUIE

ADRESSÉ PAR

M. BÉRARD

DÉPUTÉ DU RHÔNE

A M. LE MINISTRE DES AFFAIRES ÉTRANGÈRES

Sur la demande de M. le Ministre du Commerce, vous avez bien voulu, au mois d'avril de cette année, me faire l'honneur de m'accréditer auprès de nos agents diplomatiques et consulaires en Égypte et en Turquie.

Le désir de M. le Ministre du Commerce était de recevoir des renseignements aussi exacts que possible sur la situation commerciale créée à nos nationaux par l'état actuel des choses, surtout en Égypte. Mais aujourd'hui que tout se tient, que tout s'enchaîne, une mission toute définie qu'elle soit, ne peut rester dans des limites restreintes. En étudiant la question commerciale, je devais rencontrer sur ma route des intérêts touchant de près à la politique. Entraîné plus loin encore, j'ai eu à m'occuper des écoles dont l'importance en Orient est considérable. Par elles notre langue s'est répandue en Égypte et en Turquie ; la connaissance de notre langue a été accompagnée de celle de notre pays ; et, par un effet tout naturel, l'amour de la France s'est développé parallèlement.

C'est donc à vous, M. le Ministre des Affaires Étrangères, que j'ai cru devoir adresser mon rapport, à vous qui m'avez confié cette mission que je me suis efforcé de remplir avec tout le tact possible. Si vous en jugez ainsi, vous voudrez bien communiquer mon rapport à M. le Ministre du Commerce et à ceux de vos collègues qu'il pourrait intéresser.

Je débarquai à Alexandrie, le 6 mai 1892 ; le 7, je me rendis chez le Consul de

France, M. Biard d'Aunet; je lui exposai le but de mon voyage, et le priai de me préparer pour mon retour dans cette ville, les éléments nécessaires à mes études; ce fonctionnaire a fait montre à mon égard d'une très grande bonne volonté, et j'ai trouvé auprès de lui le meilleur accueil.

Le soir du 7 mai, je pris le train pour le Caire.

Le dimanche, 8 mai, je me présentai chez M. de Reverseaux. Notre Ministre plénipotentiaire n'était déjà plus un inconnu pour moi; la rumeur publique m'avait renseigné en partie sur son caractère, son dévouement à la cause française, et je pus constater qu'autant que les Français eux-mêmes, les Étrangers et les Égyptiens lui accordent une sympathie bien méritée, d'ailleurs.

Le lundi, 9 mai, mon travail d'enquêtes me mit en présence de la réclamation qui passionne le plus les négociants français en Égypte, celle concernant le service défectueux fait par la Compagnie des Messageries maritimes, réclamation qui s'est traduite par une pétition adressée en août 1889, à la Chambre des Députés et au Sénat, et qui présentait en termes d'une admirable netteté les justes plaintes de nos nationaux.

Cette pétition resta lettre morte, quoiqu'elle portât cent six signatures, représentant la totalité des grandes maisons de commerce et de représentation de l'Égypte, qui toutes sont en relations constantes et forcées avec les producteurs français. Il serait d'un très mauvais effet pour notre influence dans la vallée du Nil que notre Gouvernement ne donnât pas satisfaction aux justes réclamations contenues dans la pétition que je viens de mentionner. Je me permets d'insister vivement à cet égard, particulièrement auprès de M. le Ministre du Commerce, afin qu'il veuille bien relire les lettres des 18 août, 8 novembre 1890, 10 décembre 1891, 4 avril 1892, adressées par le Consul général de France à Alexandrie et qui furent transmises par vos bureaux à son Ministère; il trouvera là de précieux renseignements. La question a été, d'autre part, l'objet d'une étude remarquable faite dans le *Petit Journal* du 24 avril 1892 et reproduite le 11 mai 1892 par le *Bosphore Égyptien*, ma présence dans le pays, à cette époque, ayant donné à la colonie française des espérances, dont la réalisation attirerait à notre Gouvernement de grands avantages.

Vous aussi, Monsieur le Ministre, veuillez, une fois encore, relire la pétition dont j'ai parlé ci-dessus, prendre connaissance de l'article du *Petit Journal* que je viens de citer, et vous comprendrez quelle est l'importance de cette question. Comme Ministre des Affaires Étrangères, vous avez le plus grand intérêt, quand bien même il en devrait coûter quelque chose au pays, à faire trancher la question dans un sens favorable au commerce. Le rejet de cette réclamation pourrait avoir de funestes conséquences pour notre influence ; cela, je l'ai entendu murmurer. Une fin de non-recevoir donnerait à supposer à nos nationaux que notre Gouvernement, par faiblesse ou autres considérations que je veux taire, se désintéresse de la question égyptienne. Or, cela ne peut être ; pour l'intérêt matériel de la France, pour sa dignité, pour assurer sa puissance méditerranéenne, nous devons à tout prix relever notre prestige sur le sol égyptien. La disparition de notre influence sur les bords du Nil entraînera dans tout l'Islam l'oubli des Français, le plus estimé de tous les chrétiens.

J'ai peut-être tort, Monsieur le Ministre, dans un rapport comme celui-ci qui ne devrait être que l'exposé de faits observés, d'escompter les résultats que m'ont fait prévoir non seulement mon appréciation, mais encore et surtout l'opinion d'hommes politiques vivant dans ce milieu oriental, suivant la marche des événements et voyant s'opérer lentement la désagrégation de notre puissance si grande hier, dans ces pays. Mais ces considérations morales ne sont-elles pas une conséquence toute légitime de l'exposé des faits eux-mêmes?

Je reviens au fond de la question.

Par son cahier des charges, article premier, la Compagnie des Messageries maritimes est tenue d'assurer à l'Égypte un service hebdomadaire aussi bien à l'aller qu'au retour. Pour paraître remplir les clauses de son contrat, la Compagnie use d'un subterfuge qui ne manque pas d'habileté et auquel tous ceux qui n'ont pas à utiliser cette ligne se laissent très facilement prendre.

Consultons les affiches et feuilles de départ, nous voyons :

Samedi 13 août,	Égypte pour	Alexandrie,	Port-Saïd,	la Syrie.
Dimanche 21 août,	—	—	—	Suez, Aden.
Samedi 27 août,	—	—	—	la Syrie.
Dimanche 4 septembre,	Égypte	—	—	la mer Rouge.

La lecture de ce tableau nous fait conclure qu'Alexandrie est bien desservie hebdomadairement par les Messageries maritimes. Mais ce que le tableau oublie d'ajouter, c'est que les navires des 21 août et 4 septembre entrent dans le port d'Alexandrie uniquement pour y déposer la poste, chargement peu considérable, la plupart des lettres provenant de Lyon et au delà prenant la voie de Brindisi, beaucoup plus sûre et sur laquelle le risque n'est pas à craindre de voir déposer le courrier à Port-Saïd.

Voici pour la poste. Quant aux voyageurs, la Compagnie n'en accepte que s'il lui reste de la place et, encore dans ce cas, exige-t-elle en première classe, 50 francs de plus que sur les navires destinés à faire le service de la côte syrienne. Pour les marchandises, la proscription est complète à leur égard ; on n'en reçoit à aucune condition. Les exportateurs français n'ont donc à leur service qu'un bateau par quinzaine, et encore, la Compagnie des Messageries a-t-elle trouvé le moyen d'aggraver la situation par l'introduction dans ses connaissements d'une clause qui lui réserve le droit de ne pas expédier les marchandises déposées, par le bateau partant le premier après le jour du dépôt. De cette façon, une marchandise déposée dans les Docks le 12 ne partira pas par le bateau du 13, attendra généralement le 27 et, souvent même, ce n'est que le 10 du mois suivant qu'elle quittera Marseille. Il est facile de comprendre dans quel état d'infériorité ces délais pour les transports mettent nos négociants en Égypte. Ceci est d'autant plus fâcheux que notre commerce d'exportation dans la vallée du Nil se limite presque entièrement aux articles de fantaisie et de nouveauté ; aussi, le marchand égyptien a-t-il de plus en plus une tendance à remplacer les articles dits de Paris par les contrefaçons provenant de Vienne ou de Berlin et les soieries de Lyon elles-mêmes sont-elles négligées pour celles de Côme et de Zurich.

La perte est bien plus considérable encore si nous considérons les articles de consommation. La marchandise ayant fait un long séjour dans les Docks arrive avariée et aucune réclamation ne peut être admise de ce fait, la Compagnie ayant dans ses connaissements, pris le soin de se mettre à l'abri.

Tous ces faits ne se produiraient pas, si, selon les conventions passées, des navires faisaient hebdomadairement et d'une façon régulière le service de l'Égypte.

Il est grand temps que ces infractions prennent fin et c'est sur le Gouvernement que les négociants français de l'Égypte mettent leur espoir. Il serait nécessaire de savoir si les puissantes Compagnies qui possèdent un privilège peuvent ne l'exploiter qu'à leur bénéfice.

J'insiste sur ce point, Monsieur le Ministre, mais dans l'intérêt de nos affaires en Égypte, il faut modifier la façon d'agir actuelle et obliger les Messageries maritimes à remplir d'une manière un peu plus stricte les engagements auxquels elles ont souscrit.

A cet état de choses, le remède se présente sous trois faces différentes :

En premier lieu, le moyen le plus pratique serait d'obtenir de la Compagnie que chaque bateau de l'Indo-Chine réservât à certaines marchandises privilégiées et désignées d'un commun accord par une Commission formée des principaux notables commerçants d'Égypte et sur avis de la Chambre de Commerce d'Alexandrie, un chargement qui ne dépasserait pas 100 tonnes par paquebot; quant aux voyageurs, on pourrait leur réserver huit places de première classe et dix de seconde. Les marchandises devant jouir de cette faveur devraient être rendues dans les Docks la veille du départ avant midi et les voyageurs à destination de l'Égypte seraient tenus d'avoir retenu leurs places au même moment ; ainsi, seraient sauvegardés les intérêts de la Compagnie des Messageries.

Un autre moyen consisterait à établir un nouveau service Marseille-Alexandrie et Constantinople ; à l'un de ses voyages, ce service toucherait l'île de Crète et Salonique ; à l'autre l'île de Crète et Smyrne. On comblerait de cette façon une lacune, la France seule n'ayant pas de service direct entre Constantinople et l'Égypte.

Comme troisième moyen on pourrait, en désespoir de cause, proposer le rétablissement du service, tel qu'il existait avant la Convention du 30 juin 1886. Cela vaudrait encore mieux que le système actuel.

Enfin, quel que soit le remède adopté, il en faut un; le mal existe, il faut le guérir.

Encore une observation, puisque nous nous occupons des Messageries maritimes, à propos du service postal.

Les paquebots des Messageries qui ont à bord un médecin commissionné par le Ministre du Commerce sont traités, à leur arrivée à Marseille, comme les voiliers qui, en 1810, arrivaient dans nos ports après des traversées de plusieurs mois, des campagnes de plusieurs années.

La conséquence de ces usages d'un autre temps occasionne le plus souvent un retard de vingt-quatre heures pour les dépêches de Paris. On peut affirmer qu e quinze fois sur vingt, quand le navire arrive à Marseille vers cinq heures du soir, les dépêches ne profitent pas du départ du train de six heures trente-huit minutes; elles ne peuvent donc arriver à Paris que le lendemain soir et sont distribuées le surlendemain. Et cependant, les Chambres ont consenti une subvention considérable pour rendre le service postal plus rapide. Le Gouvernement entretient, en outre, sur nos paquebots des grandes lignes, des agents qui travaillent toutes les correspondances et permettent leur expédition immédiate à leur arrivée à Marseille.

Voici comment se passent les choses actuellement :

Quand le paquebot est entré dans le port, le Commandant est obligé de quitter le navire avant son complet amarrage et il se rend à l'office sanitaire avec le Docteur. Ces Messieurs se trouvent là en présence d'un bon retraité qui n'a jamais été docteur, officier de santé, ni même herboriste. Ce brave fonctionnaire, après une sage et lente lecture des patentes, procède au questionnaire réglementaire : D'où venez-vous? Le nom de votre navire? Votre port d'attache? etc., etc. Bref, un interrogatoire d'une demi-heure pour un paquebot-poste attendu presque à heure fixe et annoncé à l'avance. Cette première formalité remplie, le fonctionnaire en question déclare au Commandant et au Docteur du bord qu'ils peuvent rentrer sur le navire où ils auront la visite d'un médecin de la santé avant que le navire soit admis en libre pratique.

Si cette visite du Docteur de la santé est nécessaire, pourquoi avoir dérangé le Commandant du bord et lui avoir fait perdre trois quarts d'heure au bas mot ?

Ne serait-il pas plus simple de faire ce qui se pratique dans tous les pays du monde (même en Espagne et en Turquie), c'est-à-dire d'avoir un médecin qui, à l'arrivée du paquebot, irait interroger le Commandant pendant que le navire ferait la manœuvre de mouillage. Ce Docteur aurait qualité pour examiner les patentes et, suivant les cas, donnerait la libre pratique ou bien visiterait les gens suspects.

Nos intérêts dans l'Extrême-Orient sont devenus très considérables; dix mille Français sont répandus dans nos diverses colonies desservies par la ligne de Chine, y compris l'Égypte où nos compatriotes sont nombreux encore. Les courriers arrivent souvent deux ou trois jours avant le départ d'autres bateaux; si les commerçants de la métropole recevaient rapidement leur correspondance, ils pourraient répondre par retour du courrier et gagner souvent ainsi quatorze ou quinze jours; dans les affaires, aujourd'hui, un pareil laps de temps est considérable. Il n'est pas douteux que si les réflexions aussi justes que multiples que font les passagers étrangers au sujet de toutes ces formalités exigées à l'entrée dans le port de Marseille étaient entendues par tous ceux qui ont quelque part au Gouvernement comme elles l'ont été par moi, il y aurait un froissement d'amour-propre qui peut-être serait pénible mais mérité.

Pour remédier à cet état de choses, il n'y a à prendre en somme qu'une mesure administrative.

Tout en signalant ce qui reste à faire, il serait injuste de ne pas constater avec quelle faveur certaines mesures récentes ont été accueillies. Un correspondant m'écrit et je transcris textuellement sa lettre : « Le dégrèvement récent du prix de transport des marchandises par chemin de fer va nous permettre de lutter un peu plus avantageusement contre la concurrence étrangère. » Celui qui me parle ainsi le fait au nom d'un groupe de commerçants égyptiens ; et les mêmes propos m'ont été tenus dans toutes les autres villes des Échelles du Levant.

Pour en terminer avec les réclamations de notre commerce en Égypte, il me faut encore vous parler de ses rapports avec la Douane égyptienne qui est en grande partie soumise à l'Administration anglaise; sur vingt-huit Européens employés à la Douane égyptienne, il y a seize Anglais et un Français.

Le règlement douanier de 1885, accepté par presque toutes les puissances, sauf la France, est une arme dangereuse dans les mains d'une Administration partiale, lui permettant de favoriser, suivant l'intérêt de l'heure actuelle, le commerce de telle ou telle nation ; il met entre les mains de fonctionnaires qui peuvent être incapables, inexpérimentés ou mal intentionnés, des pouvoirs qui confinent à l'arbitraire ; il prévoit et admet des perquisitions, des condamnations prononcées par une Commission administrative. Il constitue une violation flagrante des capitulations.

Du reste, je ne mets pas en doute que les Départements des Affaires Étrangères et du Commerce ne soient parfaitement au courant de cette situation ; je suis convaincu que notre Gouvernement n'acceptera sous aucun prétexte ce règlement comme définitif; ce serait un désastre irréparable pour notre commerce. Je pense au contraire, Monsieur le Ministre, que vous donnerez pour instructions à vos fonctionnaires de faire tous leurs efforts pour obtenir du Gouvernement khédival qu'un sous-directeur français soit nommé à l'Administration centrale de la Douane ou tout au moins un directeur à la Douane d'Alexandrie. Avec l'un ou l'autre de ces importants fonctionnaires nous verrions revenir des Français parmi les petits employés, et le commerce fait par nos protégés aurait plus de chances d'être bien protégé.

Enfin, comme dernier grief exprimé par le commerce égyptien, ajoutons les conséquences fâcheuses produites depuis deux ans par la mise en vigueur du décret khédival qui rend insaisissable le traitement des employés du Gouvernement, ce décret a été approuvé par nos Chambres au moment où M. le comte d'Aubigny était encore Ministre de France au Caire ; je n'ai pas besoin d'insister pour faire ressortir les conséquences néfastes que produit ce décret.

Si nous examinons avec attention les considérations générales qui régissent les lois transitaires de nos exportations et importations avec les contrées de la vallée du Nil, nous nous rendrons facilement compte qu'il serait possible de donner un plus grand développement à notre exportation ; pour cela, il faudrait que nos exportateurs prissent la peine d'étudier les rapports envoyés par nos agents consulaires et surtout ceux envoyés par les Chambres de Commerce établies à l'étranger. Le bulletin mensuel de la Chambre de Commerce d'Alexandrie est extrêmement intéressant ; les numéros des 15 juin, 15 juillet et 15 août de cette année donnent des renseignements si intéressants et si parfaits sur la situation du commerce en Égypte que cela m'engage à m'en référer aux trois numéros ci-dessus indiqués sans entrer dans de grands développements.

Dans le numéro du 15 juillet, M. Suzzarini, Président de la Chambre de Commerce d'Alexandrie, fait un tableau très exact du régime douanier actuel ; il formule ensuite deux plaintes, la première relative aux droits de quai de 4 1/2 pour 1000 ; le commerce paye de très bonne grâce le droit actuel, mais ce qui le froisse, c'est de voir les quais réservés presque exclusivement aux importateurs de charbons anglais. La seconde plainte a trait au droit dit de faquinage (du nom de faquins sont désignés les hommes de peine, manœuvres, employés à la manipulation de la marchandise en Douane). Les frais de manipulation, semble-t-il, auraient dû être supportés par la Douane ; celle-ci a alors créé la taxe de faquinage qui fait retomber, et bien au delà même, sur les négociants tous les frais de manipulation.

Toutes ces réclamations peuvent avoir satisfaction par voie diplomatique ; nos nationaux vous en seront reconnaissants ; des étrangers en profiteront et la France y gagnera leur sympathie.

Votre agence diplomatique du Caire vous a trop bien renseigné sur la portée que peuvent avoir les nouvelles conventions commerciales pour qu'il me soit nécessaire d'entrer dans le détail de la question. Néanmoins, je me permets d'insister sur un point capital : se hâter d'établir au plus vite des conventions régularisant nos rapports commerciaux avec l'Égypte.

Antérieurement à l'expiration de nos traités de commerce avec la Sublime Porte, le Gouvernement khédival avait obtenu de son suzerain un firman lui conférant le droit de conclure des conventions commerciales avec les représentants des puissances ; il en profita pour conclure des traités en 1890 avec le Portugal et l'Autriche-Hongrie, en 1891 avec la Belgique, en 1892 avec l'Italie. Le Gouvernement de la République se basant sur le traité ottoman refusa de traiter, réservant son droit de réclamer en Égypte, suivant les intérêts du commerce français, soit le régime turc, soit celui nouvellement établi, soit enfin un troisième combiné des deux précédents.

Les taxes de 8 pour 100 *ad valorem*, régime actuellement en vigueur en Turquie continuent à être appliquées dans la vallée du Nil. De ce régime profitent les puissances qui ont eu soin de stipuler dans leurs conventions avec le khédive le droit au traitement de la nation la plus favorisée.

Le Gouvernement égyptien a grand intérêt à amener toutes les puissances à conclure avec lui des conventions analogues à celles déjà passées avec les puissances que j'ai nommées plus haut. Avec la France il serait disposé ainsi qu'ont dû vous l'apprendre les rapports qui vous ont été adressés à conclure une convention reposant sur des bases plus favorables qu'aucune de celles conclues avec les autres pays, cela, moyennant l'application aux produits égyptiens de notre tarif minimum. Il serait donc opportun de profiter de la situation avantageuse que nous crée provisoirement le régime ottoman appliqué en Égypte pour négocier avec ce pays. On pourrait obtenir des garanties sérieuses en vue de l'application impartiale du même traitement à toutes les provenances sans distinction pour certaines nationalités, et il serait même possible de modifier le règlement douanier de manière à sauvegarder les immunités dont jouissent les étrangers en Orient en vertu des capitulations.

Le jour où un accord interviendrait entre les diverses puissances pour l'application en Turquie des traités en préparation, il est facile de se rendre compte que nous ne serons plus en aussi bonne posture ; on peut le juger en examinant le traité signé entre l'Allemagne et la Turquie, le 26 août 1890.

J'ai sous les yeux un tableau comparatif du régime 8 pour 100 *ad valorem* avec celui du tarif spécifique allemand conclu avec la Turquie en 1890 et, en regard, le tarif général égyptien en projet.

En comparant les résultats de l'application de ces trois tarifs aux marchandises françaises, en prenant pour bases des fractions de chacun de ces articles et en additionnant ces fractions, nous aurons :

Produit du tarif ottoman. . . . . fr. 82.542 »
— — 8 0/0 *ad valorem*. . . . . 59.102 »
— — général Égyptien projeté. . . . . . 81.298 »

Il résulte de ces chiffres que, la France sous le régime du tarif général en projet paierait 1254 fr. de moins que sous le régime du tarif ottoman et 22196 fr. de plus que sous le régime de 8 pour 100 *ad valorem*, régime actuel que nous n'avons aucune chance de conserver.

Je veux encore une fois appeler l'attention du Commerce français sur les excellents avis donnés par M. Suzzarini, dans le bulletin de la Chambre de Commerce d'Alexandrie, le 15 juillet 1892.

« Il arrive trop souvent », dit-il, « que des producteurs de tous pays désireux de trouver des débouchés et de créer ici des relations d'affaires se laissent entraîner à envoyer de la marchandise à crédit à des acheteurs sur la situation desquels ils sont mal ou faussement renseignés. »

M. Suzzarini continue en développant très judicieusement les causes qui entraînent les exportateurs à laisser surprendre leur confiance; enfin, à ceux qui veulent avant tout faire des affaires tout en se garantissant le plus possible des pertes, il recommande « d'établir des agents qui les représentent et de n'effectuer des commandes qu'après avis des dits agents ».

Le conseil est parfait lorsque le négociant faisant choix d'un agent, a pris à bonne source des renseignements sur celui-ci et lorsque les renseignements ont été excellents. Mais c'est précisément dans cette recherche de renseignements que gît la difficulté. On ne peut guère se fier à ceux donnés par les banques, à moins qu'on ait un compte ouvert chez elles.

C'est souvent aux voyageurs de commerce et aux représentants des maisons de la métropole qu'il faut faire remonter les causes des pertes infligées par les clients indigènes.

Le client indigène est généralement imprévoyant; il ne fait point le commerce sérieusement; ses livres sont mal tenus; rarement il fait son inventaire; s'il le fait, jamais il ne lui vient à l'idée de faire subir une dépréciation à ses marchandises anciennes ou avariées; obtenant par un marchandage exagéré des rabais considérables, il se laisse aller à commander sans nécessité; le voyageur de commerce ou le représentant baissant ses prix et tenté par le désir de faire des affaires en conclut le plus qu'il peut avec souvent beaucoup d'imprévoyance; de telle sorte que, le marchand qui ne se rend pas compte que les baisses successives de prix ruinent son stock antérieur acheté plus cher et le voyageur de commerce ou le représentant courent à une débâcle absolument certaine. Ajoutons que le mot conscience est aux yeux des indigènes, l'expression d'une chose tellement vague qu'ils l'ignorent généralement ; il est vrai que certaines maisons de commerce européennes ont fortement contribué à ce résultat.

La grande industrie qui a des marchés à passer avec l'Administration des Travaux Publics en Égypte ne court pas les risques de non-paiement. Toutefois, pour obtenir des commandes ou des adjudications qui ne soient pas trop onéreuses, elle doit se mettre en garde contre les mille intrigues qui entourent ces sortes d'affaires.

Le Ministère des Travaux Publics d'Égypte donne en général à l'adjudication tous les travaux et fournitures. Il ne traite de gré à gré que dans les cas d'urgence ou pour des travaux spéciaux.

L'adjudication n'est pas comme en France, réglementée par des lois et des décrets. Le Ministère se réserve toujours le droit de donner aux offres la suite qui lui convient et n'est en aucun cas tenu d'accepter l'offre la plus basse.

Après avoir pris connaissance des soumissions, l'Administration les classe en tenant compte non seulement du prix offert, mais encore de la valeur morale et financière du soumissionnaire. En soi-même le procédé n'est pas mauvais ; mais ce qui est mauvais, ce sont les abus auxquels il donne lieu : actes de favoritisme, éliminations systématiques d'entrepreneurs qui ne sont pas en faveur malgré et souvent à cause d'un incontestable mérite.

En général, les entrepreneurs français redoutent d'exécuter des travaux dans les services dirigés par des fonctionnaires anglais, ceux-ci se montrent beaucoup plus durs envers les Français qu'envers les autres pour le règlement des travaux ainsi que pour leur exécution.

Néanmoins, les entrepreneurs français continuent à faire chaque année quelques travaux pour le Ministère des Travaux Publics. En 1890, ils en ont obtenu pour 2.200.000 francs, en 1871, pour 3.500.000 francs ; à cela il faut encore ajouter quelques autres travaux donnés par d'autres Administrations indépendantes du Ministère des Travaux Publics, par exemple, les Chemins de fer.

Il reste encore quelques Français dévoués dans les Administrations égyptiennes. Je citerai d'abord M. Barois, ingénieur des Ponts et Chaussées, secrétaire général du Ministère égyptien des Travaux Publics. Je serais heureux que M. le Ministre des Travaux Publics voulût bien ne pas oublier quand il distribuera ses récompenses, l'homme de talent qui contribue par son mérite à conserver notre prestige dans l'administration de ce pays.

L'éloge de M. Boutéron, Conservateur des Domaines de l'État égyptien n'est plus à faire. Sa connaissance approfondie de la question égyptienne nous rend chaque jour de précieux services. J'en dirai autant de M. Prompt, administrateur des Chemins de fer et de M. Nicour, depuis douze ans, ingénieur en chef de la voie et des travaux aux Chemins de fer de l'État égyptien, qui donnent tous les jours, une preuve éclatante de la supériorité et du talent de nos ingénieurs; je dois, en outre, à M. Prompt des renseignements d'un vif intérêt sur la situation économique et commerciale en Égypte.

Je dois à l'obligeance de M. Nicour la visite du pont d'Embabeh, une des merveilles de l'industrie moderne, sortie des ateliers de la Maison française Daydé et Pillé. Quand je visitai ce chef-d'œuvre, on venait de procéder aux épreuves de solidité du tablier métallique, d'une longueur de 500 mètres, soutenus par onze piles et culées, se partageant en dix travées, dont les plus grandes atteignent 80 mètres de portée. Ce tablier, à l'épreuve, a supporté le passage de cinq locomotives accouplées du poids de 70.000 kilos chacune, attelées à un long train marchant à une vitesse de 60 kilomètres à l'heure. Sur la rive gauche, le pont est tournant, avec une ouverture d'environ 60 mètres, ce qui permet aux plus grandes barques de circuler sans difficulté sur le fleuve. Cette partie tournante du pont, masse énorme d'acier, du poids de 150.000 kilos, peut évoluer sur sa base en moins de trois minutes ; sa mise en mouvement n'exige que deux manœuvres. (Par erreur, le journal le *Bosphore Égyptien* du 7 mai 1892 dit que le mouvement de rotation se fait en une heure et quart.)

Les travaux publics exécutés en Égypte consistent le plus souvent en terrassements d'entretien pour les canaux et les digues ; on en fait en moyenne pour 10 à 12 millions par an ; en général, ces travaux sont confiés aux indigènes ; les Européens, cependant, en prennent quelques-uns ; les matériaux utilisés dans les travaux publics et particuliers sont importés par la France dans une proportion relativement assez forte ; le rapport de l'Administration des Douanes égyptiennes de 1890, donne le chiffre d'importation suivant :

MATÉRIAUX ET MATÉRIEL D'IMPORTATION FRANÇAISE

	En 1889 FRANCS	En 1890 FRANCS
Chaux, ciments, plâtres, etc.	360.000	490.000
Briques, tuiles, etc	220.000	180.000
Fers et aciers.	1.700.000	1.650.000
Machines, pièces de machines. . . .	570.000	1.250.000
Totaux.	2.850.000	3.570.000

Il pourrait certainement y avoir augmentation sur la chaux et le ciment, si les industriels français prenaient la peine de présenter leurs produits au Ministère des Travaux Publics et de les faire connaître par des essais.

Arrivé à ce point de mon travail, je tiens à dire quelques mots de la question anglo-française. Il sera plus facile de comprendre ainsi ce qui se passe en Égypte.

Dans ce pays, les Anglais n'ont aucun intérêt direct ; ils ne possèdent en dehors d'Alexandrie, ni une maison, ni un champ labouré, ni commerce de détail d'aucune sorte, ni même un hôtel de voyageurs. De même, en dehors de quelques rares commerçants d'Alexandrie et des fonctionnaires de l'occupation, il n'existe en Égypte aucune colonie d'Anglais.

Ils se sentent inférieurs aux indigènes comme instruction technique et administrative ; leurs juges aux tribunaux mixtes ou indigènes ne jouissent que de peu de considération ; leurs avocats sont impossibles devant les tribunaux.

Le manque de talent des ingénieurs et entrepreneurs anglais les fait souvent écarter des adjudications de travaux ou de fournitures. Ils ne peuvent, avec leurs seules forces, organiser l'Égypte, et si la situation financière de ce pays semble prospère, c'est par un vulgaire effet de trompe-l'œil.

L'évacuation de l'Égypte par les Anglais ne diminuerait en rien l'importance de leurs importations et de leurs exportations ; leurs navires n'apporteraient ni plus ni moins de charbon, de fer ou de cotonnades.

Le but qui fixe l'attention de l'Angleterre est en dehors de l'Égypte proprement dite ; il consiste à s'emparer du Soudan Nilotique, du côté du nord, au moyen des chemins de fer de Souakim à Berber, et du côté du sud, par le lac Nyanza, dont ils possèdent, d'après leurs conventions d'Interland avec les Allemands, le nord, l'est et le nord-ouest. Une fois le Soudan Nilotique en leur possession, les Anglais auront tôt fait de créer une nouvelle et grande route commerciale par Souakim, Berber, Nyanza et Monbaza. Ils ne restent en Égypte que pour activer la réalisation de leur projet, et pour empêcher ce pays de lutter contre une entreprise qui sera désastreuse pour lui.

On peut affirmer que l'occupation anglaise menace, dans un temps donné, les créanciers de l'Égypte d'une ruine complète :

1° Par l'accaparement du Soudan Nilotique ;

2° Par l'absorption du commerce de l'Arabie avec la vallée du Nil, au profit de la ligne de Souakim à Berber, dont les Anglais demandent la concession à leur profit, tout en s'opposant à la construction de la ligne de Keneh à Kosséir qui assurerait ce commerce à l'Égypte ;

3° Par la baisse des produits d'exportation, coton, sucre, céréales, fèves, etc.

Ainsi, dans la période de 1880-1882 à 1890, la perte est de :

	1880-82 PR.	1890 PR.	Perte PR.
Coton	276	230	46
Graine de coton	68	52	16
Blé.	110	75	35
Orge	62	42	20
Fèves	87	81	6

En 1891, le prix du coton est descendu à 176 piastres ; perte 100 piastres, ou : une livre égyptienne, 26 francs. Cette baisse s'accentue encore.

4° Par l'exagération de l'impôt foncier qui est de 78 francs par hectare sur les terres plantées en coton et de la moitié au moins pour les autres ;

5° Par le refus des Anglais de laisser creuser les réservoirs d'eau de la Haute-Égypte, qui pourraient permettre de doubler la surface cultivée et de diminuer les impôts ;

6° Par les impôts nouveaux excessifs et contraires à toute raison que les Anglais ont établis, sous le prétexte d'améliorer la situation du Trésor.

Ainsi, les droits *de Douane* sur le tabac et le tombac produisent 800.000 £ E., soit 20 millions de francs. Ce résultat a été obtenu en empêchant la culture du tabac dans toute l'Égypte qui pouvait en produire indéfiniment, et c'est sur le fellah que retombe en grande partie cet impôt ; il en paye les trois quarts.

Une opération similaire consisterait à couper les vignes en France, en Italie, en Espagne, et à mettre des droits de Douane excessifs sur les raisins et vins étrangers.

L'occupation cessant, le souvenir anglais s'affaiblira bien rapidement en Égypte. Le peuple britannique n'a aucune raison de s'implanter dans ce pays où tout est organisé à la française : lois, règlements, coutumes, langue, instruction publique, etc...

L'instruction surtout a considérablement contribué au développement de notre influence dans la vallée du Nil, comme d'ailleurs dans tout l'Orient.

Cette question de l'instruction doit donc préoccuper avant tout nos hommes d'État. Tant que nous saurons garder la direction des écoles d'Orient, nous serons assurés de conserver une grande part d'influence, et cette influence s'accroîtra d'autant plus que nous ferons plus d'efforts pour perfectionner nos écoles dans l'Orient.

M. le marquis de Reverseaux a si bien compris le rôle que nous avons à jouer de ce côté que, lors de ma visite aux établissements d'éducation, il a tenu à m'accompagner et à me faire pénétrer dans les plus secrets recoins de l'Administration des écoles. J'avoue avoir été surpris des résultats obtenus en présence de la médiocrité des ressources.

Cette question des écoles me paraît d'autant plus délicate à traiter, que j'appartiens par principes à un parti intransigeant et qui n'entend céder sur aucun point de son programme anticlérical ; or, en Égypte, toutes les écoles que j'ai visitées sont, sauf une, dirigées par des religieux, et ce serait parler contre ma conscience que de ne pas dire tout le bien que j'en pense. Dans toutes les écoles du Caire et d'Alexandrie, la base de l'instruction est essentiellement française et plutôt laïque que religieuse ; et, grâce à cette éducation, les enfants sont animés d'un véritable sentiment de respect pour notre pays.

D'ailleurs, la question cléricale qui est chez nous un motif de division ne peut exister en Orient ; tous les cultes y sont libres, mais aucun n'est salarié par l'État, pas même le culte musulman, chaque mosquée possédant une fortune particulière est absolument indépendante de l'État.

Pour donner une idée exacte de l'organisation du culte musulman, je ne puis mieux faire que de citer quelques lignes du remarquable ouvrage de M. F. Rougon, Consul général de France à Smyrne. Il écrit à la page 27 :

« L'Islam n'a pas de clergé proprement dit. Le sultan, successeur du Prophète, « et commandeur des croyants (khalife) délègue la direction générale des affaires « religieuses aux Cheik-ul-Islam (le vieux ou le vénéré de l'Islam). Ce dernier

« est tenu, toutefois, de soumettre à la sanction souveraine toutes les décisions
« d'une certaine importance. La théologie musulmane faisant partie de la science
« du droit musulman (Ilmi fikih), les hakims et cadis ou naïbs, qui remplissent
« les fonctions de présidents des Cours d'appel et des Tribunaux de première
« instance et de membres des Conseils administratifs, dans les sandjaks et cazas
« des provinces, sont en même temps, chargés par le cheik-ul-Islam, de
« l'exercice du culte. Ces naïbs sont choisis dans le corps des ulémas ou docteurs
« en droit sacré. Ce sont eux qui nomment l'iman, ministre du culte qui précède,
« dans la mosquée, les croyants pour la récitation des prières, et le muezzin,
« dont la mission consiste à annoncer, sur les minarets, aux cinq heures de la
« prière, la bonne parole avec des psalmodies tirées du Coran. L'iman et le
« muezzin sont, toutefois, dépourvus de tout caractère sacerdotal. Ils sont munis
« d'un certificat d'aptitude délivré par le naïb et personne n'a le droit d'empiéter
« sur leurs attributions. Les fonctions d'imam sont biennales. Dans chacune des
« villes de l'Empire se trouve également un mufti ou jurisconsulte, à qui est
« spécialement dévolue l'interprétation de la loi religieuse et du droit sacré. La
« charge de mufti est inamovible. »

De ce remarquable exposé de la hiérarchie musulmane il résulte clairement que les desservants du culte ne peuvent entrer en lutte avec le pouvoir gouvernemental dont ils sont partie intégrante. Quant aux autres religions, que ce soit le culte catholique, le culte grec orthodoxe ou schismatique, arménien, protestant ou israélite, elles ne peuvent avoir par leurs prêtres aucune influence sur la direction gouvernementale. Dans la masse, leur propagande ne donne que de bien minces résultats ; dans les écoles dirigées par des religieux, il y a eu évidemment tentatives réitérées de propagande, mais là encore, j'ai la certitude et la preuve que les efforts faits l'ont été en pure perte.

Les efforts des directeurs de toutes ces écoles ont beaucoup mieux réussi lorsqu'il s'est agi de faire respecter, admirer et chérir la France. Pour en témoigner, je me permettrai de vous citer deux passages d'un discours qui me fut adressé dans le cours d'une visite que je fis à une école du Caire où étaient réunis de huit à neuf cents élèves. Dans cette école dirigée par des religieux, à peine une cinquantaine appartenaient-ils à la religion catholique ; les mahométans dominaient et il y avait là des représentants des églises grecque, arménienne, protestante et israélite. Au nom de tous, celui qui lut le discours me dit :

« Puissions-nous ne pas nous montrer trop indignes de la sollicitude dont la « France nous entoure ! Nous lui devons déjà tant à la France ! Ne vous « semble-t-il pas, M. le Député, que vous êtes en ce moment sur un coin de « son sol ?

Et plus loin, rendant hommage à notre langue, voici ce qu'il dit :

L'étude de la langue française, langue que la France elle-même vient nous enseigner ici, langue si précieuse pour nos relations parce qu'elle est si universelle, langue si nette, si ennemie de toute ambiguité, cette étude, dis-je, a contribué d'abord à nous faire aimer la nation qui la parle. De plus, je ne sais quelle sympathie naturelle nous attache à votre pays dont les fils nous élèvent. Toutes les races et toutes les religions sont représentées ici : il n'en est pas une qui n'admire de la France ce sentiment chevaleresque, cette loyauté innée qui est son caractère. La France, elle nous prend par le cœur, et, le cœur étant gagné, tout le reste suit.

En entendant ce langage sortir de la bouche d'un enfant, nous pouvons être légitimement fiers ; peut-être un esprit sceptique dira-t-il que ce langage fut dicté. Moi-même un instant j'eus cette pensée, mais je la chassai bien vite lorsque, interrogeant au hasard quelques-uns des enfants de l'école, je retrouvai chez tous les mêmes sentiments.

Et ce que j'ai constaté en cette école, je l'ai également remarqué partout ; que les écoles que je visitais fussent laïques, qu'elles fussent cléricales, partout j'étais accueilli au son de notre hymne national et au cri de : « Vive la France. »

J'ai vu en outre avec un vif sentiment de plaisir qu'à côté de l'école se trouvait généralement un dispensaire où remèdes et soins charitables sont donnés aux infirmes et aux malades. Et je puis vous certifier, Monsieur le Ministre, qu'il faut souvent un courage surhumain pour se vouer dans ces pays d'Orient aux soins des malades, tant sont horribles quelquefois les plaies qu'il faut panser. Dans le cours de ces différentes visites, j'ai pu constater l'intérêt que portait M. de Reverseaux, à toutes ces œuvres charitables. Sont aussi annexées à ces écoles des maisons de refuge pour les enfants abandonnés, filles ou garçons ; les enfants sont élevés jusqu'au moment où ils sont aptes à gagner leur vie ; sans aucune pensée de lucre, on leur met en mains un métier. En Égypte, les directrices ou directeurs de ces ateliers d'hospitalisation doivent le travail qu'ils font exécuter à la bienveillance de certaines personnes désireuses de faciliter une œuvre philanthropique ; sans ces personnes, les maisons hospitalières ne pourraient trouver les ressources nécessaires pour enseigner une profession à ces enfants et n'auraient nul moyen pour les vêtir, les loger et les nourrir.

A la louange de nos compatriotes en Égypte, il faut dire bien haut les efforts qui ont été tentés par eux pour fonder dans ce pays une école laïque sous la protection de l'Alliance française, Alliance dont M. Barois est le président et à laquelle M. de Reverseaux donne tout son bienveillant appui.

Cette école a été fondée à Siout en 1887. A cette époque, il n'y avait dans toute la Haute-Égypte que des petits établissements où les enfants apprenaient des lambeaux de phrases de notre langue tandis que la langue anglaise et la langue italienne étaient enseignées dans des écoles parfaitement organisées.

Pour remédier à cette situation, l'école laïque de Siout fut fondée; le Comité de l'Alliance française au Caire a voulu que son œuvre fût absolument laïque pour éviter d'écarter les Coptes, ennemis de toute propagande catholique et très nombreux dans la Haute-Égypte.

Cette école coûte 9000 francs par an, déduction faite du produit des rétributions scolaires. Jusqu'à présent la dépense avait été entièrement couverte par des cotisations annuelles du Comité du Caire, des souscriptions personnelles et une subvention de 2000 francs du Comité de l'Alliance française.

Le Comité du Caire ne pouvait pas, en présence de la mauvaise situation des affaires en Égypte, compter sur le produit des souscriptions. Le Gouvernement français l'a compris et a voulu par le don d'une subvention accordée cette année prouver à ce Comité sa satisfaction et son désir de lui voir continuer une œuvre aussi patriotique.

En dehors des écoles fondées par les Européens, il existe de nombreuses institutions scolaires fondées sous les auspices du Gouvernement égyptien et dépendant de son Ministère de l'Instruction publique.

Dans plusieurs de ces écoles, le français est la langue professée; il en est ainsi par exemple à l'école professionnelle dirigée par M. Peltier et à l'école d'agriculture, près de Tanta. Dans d'autres, le français est enseigné simultanément avec la langue du pays; malheureusement, beaucoup de directeurs, dans le but de flatter les maîtres actuels de l'Égypte, substituent trop facilement l'anglais au français.

Pour notre influence il est utile de propager le plus possible la langue française dans la vallée du Nil; ce sera pour le triomphe de nos idées l'arme la plus utile.

Quelques mots au sujet du musée de Boulak, récemment transporté à Ghiseh. La nomination de M. de Morgan comme directeur a soulevé de très violentes polémiques entre les partisans de l'ancien directeur et ceux du nouveau. L'ancien directeur était, c'est évident, un savant d'un incontestable mérite, mais à qui la science fermait généralement les yeux sur ce qui concerne l'administration; M. de Morgan, lui, est un savant et un administrateur. Sous son excellente direction, l'installation du musée de Ghiseh se termine en même temps que s'organise celui d'Alexandrie. D'ailleurs, je dois ajouter que M. de Morgan est secondé par des aides comme lui dévoués et instruits, tels sont MM. E. Porugsch-Bey, E. Bauriaut, directeur ordinaire, E. Daressy, Barsauti et P. Virey.

Et maintenant que j'ai passé en revue tout ce qui, en Égypte, présente de l'intérêt pour nous, je vais le plus rapidement possible tirer quelques larges conclusions.

Pourquoi, me suis-je dit, en présence de l'anglomanie qui depuis trop longtemps nous accapare, pourquoi ce sentiment bizarre, lorsque partout où j'ai passé j'ai vu le nom de la France acclamé et aimé, et celui de l'Angleterre peu considéré? J'ai cherché une explication plausible; je ne l'ai pas trouvée. Aussi, ne cesserai-je de crier : Ne vous laissez pas envahir à l'égard de l'Angleterre, par un inconsidéré sentiment de crainte et d'admiration. Les vaisseaux anglais couvrent les mers, me dites-vous; il est vrai, mais ce sont des vaisseaux chargés de cotonnades, de houille et de fer. La puissance anglaise est tellement factice que lors des récentes affaires avec le Portugal, puis l'Amérique, l'Angleterre a dû céder. Si elle a cédé, c'est que pour combattre il faut des armées et que les Anglais n'en ont pas, et à notre époque l'armée mercenaire n'existe plus. L'Angleterre, actuellement, a la puissance que possédaient autrefois les Républiques italiennes : Venise, Gênes, etc., la puissance de l'or, ce qui est peu en certains cas.

Je sors peut-être beaucoup de mon rôle en parlant comme je viens de le faire, mais il est impossible, du moment qu'on a posé le pied sur le sol égyptien, de ne pas s'inquiéter de l'action de l'Angleterre toujours égoïste là, comme dans tous les pays où elle s'implante.

A côté de cela, quelle est la politique de la France partout où elle va? Elle cherche des amis, des débouchés, et la conquête n'est son but que lorsque l'humanité ou la nécessité la lui imposent.

Il est donc bon de débarrasser notre jeune diplomatie de préjugés anglomanes qu'on se passe de génération en génération. Sous tous les rapports, tenons-nous à l'égard de tout ce qui vient d'Angleterre sur un pied de sage réserve.

Au moment de quitter l'Égypte, pour appuyer davantage encore sur ce que j'ai dit, il me semble indispensable de dire quelques mots sur la situation générale des affaires en Égypte, situation que par un de ces effets de trompe-l'œil auxquels ils excellent, les Anglais nous prouvent excellente, tandis qu'en réalité elle est pitoyable. Tous ceux qui voient les choses de près constatent pour l'Égypte un appauvrissement progressif; elle se mine et le fellah mourra bientôt d'inanition.

Et qu'on ne dise pas que cette question nous est en somme indifférente; au peuple qui redonnera la vie commerciale à l'Égypte appartiendra la prééminence dans l'avenir; de plus, n'oublions pas que la France et ses nationaux ont de douze à treize cents millions engagés sur les rives du Nil.

D'ailleurs, il serait imprudent de conclure des lignes écrites plus haut que ce sentiment de malaise existe partout en Égypte avec la même intensité; il importe de distinguer entre la Haute et la Basse-Égypte.

La suppression du commerce avec le Soudan, l'absence de toutes communications autres que le Nil, par suite l'impossibilité de se livrer à la petite culture, les centres de communication n'existant pas, ont réduit la Haute-Égypte à une misère noire, si noire qu'il a été absolument indispensable de dégrever, en 1891, de 120.000 £ E. (3.120.000 francs de notre monnaie) les deux provinces méridionales de l'Égypte.

Dans la Basse-Égypte, la situation serait un peu moins mauvaise, l'impôt n'absorbant guère que 50 ou 60 pour 100 du revenu brut du cultivateur. Néanmoins, la perception régulière et rigoureuse de l'impôt par le fisc oblige le fellah insouciant et prodigue à se livrer à des emprunts pour s'acquitter. L'accumulation des hypothèques, l'impossibilité de rembourser, poussent bientôt l'emprunteur à abandonner au prêteur — un juif levantin généralement — la terre qu'il cultivait et dont il aurait vécu sans les rigueurs du fisc.

Pour qui connaît l'Égypte, pour qui sait l'énorme puissance de production de toute la vallée du Nil, aux terres inépuisables, sa solvabilité ne dépend que d'une chose : son gouvernement, qu'il soit sage et national, et l'avenir de ce pays ne sera plus discuté par personne, cela, au grand avantage de nos intérêts et de nos capitaux.

Un mot encore, Monsieur le Ministre, au sujet du recrutement de la magistrature des tribunaux mixtes ; peut-être dépassè-je les limites qui me sont fixées, mais j'ai entendu formuler à l'égard de nos magistrats de telles plaintes que je ne dois pas hésiter à m'en faire l'écho. Ne pourrait-on, étant donnés les avantages considérables dont ils jouissent, choisir ces magistrats parmi des hommes d'un incontestable mérite ; bien des récriminations disparaîtraient et notre prestige n'y perdrait rien.

Est-il possible de traiter la question Égyptienne, sans dire quelque chose des capitulations ? N'en pas parler aurait paru un oubli d'une certaine importance et je me suis résolu à traiter la question le plus brièvement possible. En quoi consistent les capitulations ? C'est en deux mots, le transport des juridictions de chaque nation sur le sol ottoman, juridictions qui assurent l'inviolabilité aux personnes et aux habitations européennes. Les nécessités de la vie sociale ont obligé notre Gouvernement à faire sur le chapitre des capitulations certaines concessions ; il faut en rester là et cela aussi bien dans notre intérêt que dans celui du Gouvernement égyptien, les capitulations ne constituant pas des privilèges uniquement en faveur des Européens ; elles sont une sauvegarde de l'ordre public dans les pays musulmans, et sans elles l'Empire ottoman profondément modifié aurait sans doute cessé d'exister. C'est par elles et par elles seules que la coexistence dans un même pays de deux Sociétés aussi profondément différentes que la Société musulmane et la Société juive ou chrétienne est possible.

Ainsi, en attaquant sans relâche les capitulations en Égypte sous prétexte de bonne administration, de meilleure justice ou de perfectionnement dans la machine gouvernementale, les Anglais comprennent qu'ils rendent impraticable l'exercice dans ce pays d'un gouvernement quelconque autre que le leur, et leur gouvernement en Égypte n'est autre que l'exploitation pure et simple du territoire à leur profit.

En défendant les capitulations, nous ne défendons pas un privilège, nous défendons nos intérêts légitimés par l'histoire de l'influence française en Orient, nous prenons en mains la cause de l'intégrité de l'Empire ottoman, celle de l'existence même du peuple égyptien, nation timide et laborieuse qui a droit à la sollicitude d'un pays tel que le nôtre.

Et maintenant que ma tâche en Égypte est à peu près accomplie, qu'il me soit permis de remercier tous ceux qui m'ont aidé dans mon œuvre : d'abord

M. de Reverseaux qui a tout fait pour que mon travail me soit plus aisé. C'est à lui que je dois d'avoir puisé nombre de documents aux meilleures sources, grâce à lui, je fus reçu par son Altesse le nouveau Khédive, par Tigrane-Pacha et Nubar-Pacha. Je lui dois en outre la connaissance de plusieurs journalistes qui soutiennent énergiquement en Égypte la politique française : M. M. Beckara Fahla, directeur d'un journal arabe, aux idées absolument françaises, Albert Padoa-Bey, M. Aristide Gavillot, un français, journaliste de talent, en relations constantes avec plusieurs membres de notre Assemblée. A côté de M. de Reverseaux, ont droit à l'expression de ma vive reconnaissance MM. Peltier-Bey, directeur de l'École Normale Tewfick, Barois, secrétaire général au Ministère des Travaux Publics, Prompt, directeur des Chemins de fer, Bouteron, administrateur des domaines de l'État, Lucien Pétot, chef d'une des plus importantes maisons de commerce du Caire. Ces Messieurs m'ont fourni des documents écrits bourrés de faits. Il serait bien injuste d'oublier M. Biard d'Aunet, Consul de France à Alexandrie qui, inépuisable de complaisance a fait à mon intention un travail considérable et consciencieux relatif à la situation commerciale, administrative, politique et financière de l'Égypte. Je suis heureux de rendre à M. Biard d'Aunet un juste hommage et de le remercier publiquement.

Merci encore aux membres de la Chambre de Commerce d'Alexandrie et à tous mes amis dont j'ai mis à rude épreuve un dévouement jamais lassé.

Mon rapport est déjà trop long et je n'ai pas fait cependant la moitié de mon chemin ; mais la suite de mon travail sera considérablement abrégée. En effet, quand j'eus quitté Alexandrie d'Égypte, je me rendis à Smyrne ; certes, une étude sur cette dernière ville serait loin de manquer d'intérêt, mais que pourrais-je ajouter au remarquable travail fait par M. F. Rougon, Consul général de France à Alexandrie. Dans le cours de mon rapport, j'ai eu l'occasion de citer cet ouvrage absolument complet. Je ne peux guère que constater le développement pris ces dernières années par le commerce de Smyrne, développement dû à la sûreté et à la beauté du port situé au fond d'un golfe qui est lui-même un port merveilleux où viennent bien souvent stationner des divisions navales, développement dû encore à la prodigieuse activité de cette ville d'Orient.

La population de Smyrne se compose de quatre grandes races : les Grecs, les Turcs, les Arméniens et les Juifs. Le grand négoce est entre les mains des Grecs et des Arméniens; les Juifs ne font qu'un petit commerce et leur quartier est des plus misérables. Pourtant depuis quelques années les négociants israélites prennent une situation sur le marché de Smyrne. Ce relèvement de leur situation économique est dû aux efforts faits par l'Association connue sous le nom d'Alliance israélite. L'Alliance a fondé un peu dans tout l'Orient des écoles très fréquentées. Smyrne en possède une dirigée par un homme d'une haute valeur, M. Parienti; l'instruction y est donnée en français et lorsque j'eus le plaisir de la visiter, je fus reçu au son de la *Marseillaise* et au cri de Vive la France.

Je ne peux m'empêcher de citer quelques lignes d'un discours que prononça un jeune élève lors de ma visite : « Nos maîtres nous ont appris à aimer votre « pays comme une seconde patrie; votre langue, votre littérature sont nos études « de prédilection; elles forment nos cœurs tout en développant notre intelligence. « A l'école et dans nos foyers nous parlons français entre frères et sœurs. » A l'école arménienne laïque, dirigée par M. Étienne Châteaux, qui donne dans son enseignement une grande part à la langue française, un élève m'a dit : « Nous « ignorons les subtilités de la philosophie, mais ce que nous savons bien, c'est « que le génie français fait de générosité, de désintéressement, de loyauté, d'in- « géniosité, de finesse, de grâce, de noblesse, de dévouement à toutes les grandes « causes et à toutes les infortunes, ce génie-là, Monsieur le Député, nous va au « cœur et nous comprenons le grand rôle joué dans le monde par votre belle « France. » Ce langage m'a profondément ému.

L'école arménienne soutenue par les Arméniens de Smyrne ne reçoit aucune subvention d'aucun Gouvernement.

Peut-être vais-je me répéter, mais il est nécessaire de le dire encore une fois, qu'il s'agisse de l'Égypte, de Smyrne, de Salonique ou de Constantinople, notre influence croîtra d'autant plus en Orient que notre langue y sera plus répandue.

A Salonique, où j'arrivai la veille du départ pour la France de M. de Lacretelle, fils de notre honoré collègue, député de Saône-et-Loire, je passai en sa compagnie une charmante soirée; et j'eus là en quelques heures le rare bonheur d'entendre sur Salonique et la Thessalie des choses du plus vif intérêt. Ces choses ont dû vous être répétées, Monsieur le Ministre, par M. de Lacretelle lui-même; il a dû vous dire combien il nous faudra encore d'efforts incessants pour arriver à faire triompher nos marchandises sur les marchés de cette région. Cela tient en grande partie à l'inertie de nos négociants qui, désespérant de lutter avantageusement contre l'Allemagne, l'Italie et surtout l'Autriche, s'occupent fort peu de traiter des affaires. Et cependant aujourd'hui les Messageries maritimes ont organisé un service assez régulier qui pourrait permettre à nos négociants d'essayer une lutte qui pourrait être suivie de succès.

A Constantinople, je suis resté complètement sur le terrain commercial. M. Cambon, notre ambassadeur à Constantinople par qui je fus très courtoisement reçu, me mit en relations avec diverses personnes auprès desquelles j'ai recueilli des renseignements très utiles sur la situation commerciale de la Turquie. A M. Giraud, secrétaire de la Chambre de Commerce de Constantinople, je dois des données très intéressantes; et, de la longue conversation que j'eus avec lui, voici la conclusion : Les meilleurs rapports, les plus utiles pour le commerce français sont encore les bulletins publiés par les Chambres de Commerce à l'étranger. La Chambre de Constantinople publie un bulletin mensuel donnant sur les affaires, non seulement de Constantinople, mais encore des villayets de Thessalie, d'Anatolie, des villes de la mer Noire, de Grèce, des îles de l'Archipel, les renseignements les plus intéressants. Ces documents servent malheureusement surtout à nos concurrents étrangers, qui eux, les lisent et les font traduire en leur langue pour l'instruction de leurs nationaux qui en profitent largement.

Je terminerai mon rapport par une légère critique adressée au Commerce français qui a le tort de toujours récriminer contre le Gouvernement et de l'accuser de tous les déboires subis à l'étranger. Un Gouvernement ne peut intervenir d'une façon étroite, il agit pour les grandes choses, non les petites; la France l'a compris en favorisant de tous ses efforts la création des Chambres de Commerce françaises à l'étranger; c'est aux commerçants à savoir user des armes qu'on met à leur disposition. Qu'ils voyagent, qu'ils étudient les besoins des peuples chez lesquels ils veulent entreprendre quelque chose, qu'ils lisent les documents qui les renseigneront et peut-être les vaines récriminations cesseront-elles.

Si notre commerce avec l'Orient a baissé, il a pourtant moins périclité qu'on ne se plaît à le dire ; autrefois la France et l'Angleterre se disputaient seules le marché ottoman ; aujourd'hui l'Allemagne, l'Autriche, l'Italie, la Belgique sont entrées en lutte. L'Angleterre défend vigoureusement ses positions ; quant à nous, nous avons perdu quelques positions, gémi beaucoup, mais pas du tout bougé.

Je donne un tableau des importations dans les diverses contrées de la Turquie :

La France importe environ		12 0/0
L'Angleterre		43 0/0
L'Allemagne, L'Autriche, La Belgique,	ensemble	21 0/0
L'Italie		2 1/2 0/0

Le reste est importé par divers pays.

Notre chiffre d'affaires avec Constantinople est encore assez important ; mais si nous ne voulons pas le voir descendre plus bas, il importe d'agir au plus vite ; cela est important, car sans doute la disparition de notre influence commerciale entraînerait la disparition de notre influence politique.

A Constantinople, ma tâche était terminée et mon retour par Pesth, Vienne et la Suisse n'était que fantaisie de ma part.

Mon souhait, Monsieur le Ministre, est d'avoir fait œuvre utile ; puissé-je avoir réussi à satisfaire quelques-uns, à donner de sages conseils à d'autres et à ne froisser personne.

E. BÉRARD.

Lyon. — Imp. Pitrat Aîné, A. Rey Successeur, 4, rue Gentil. — 5216

www.ingramcontent.com/pod-product-compliance
Lightning Source LLC
LaVergne TN
LVHW050507160826
845677LV00003B/998

* 9 7 8 2 3 2 9 6 4 4 1 6 5 *